民間貸家経営と家主の果たした役割

~くいつぶし型経営の歴史的意義~

目次

表紙写真は1959年大阪市都島区、1963年豊中市にて撮影したもの。
いずれもNPO法人西山夘三記念すまい・まちづくり文庫による提供。

はじめに――なぜ今、住まいが問題になったのか

生活保障に関わって、住まいが様々な形で問題になっている。この30年ほどで、バブル崩壊によって建設労働者を中心とするホームレス状態の中高年男性が生み出され、リーマンショックによって派遣切りに象徴されるハウジングプアが生み出され、あるいは若者ホームレスも登場した。コロナ禍でも住居確保給付金利用者の著増が見られるなど、これまで当たり前だった住まいの安定が、当たり前ではなくなって久しい。

このような状況に対して、「どうしたらよいか」を考えるべきである一方で、「なぜこうなったのか」「そもそも何が問題なのか」という原因・問題認識に立ち入った検討が必要ではないか。住まいが問題になっていることに対して、いろいろな答えが考えられるかもしれない。例えば、住まいが問題になっているのは、住宅政策が機能していないからだ、と考えてみる。すると、人々が、住まいの問題を、公的責任によって解決すべきだと思っていないからだという回答があるかもしれない。人々の意識が充分でないならば、住宅政策も充分にならないだろう。事実、国内の政策分野別でみても（**表1**）、国際比較でみても（**表2**）、日本における住まいへの公的責任意識は、強くない。あるいは、雇用と家族と持家社会がセット（平山 2009）だったので、雇用と家族の変化で住まいが不安定になったから、と回答できるかもしれない。これらの答えは、いずれも、一定程度の正しさと確からしさを持っている。

表 1 「政府の責任だと思いますか」の 4 択に対して「そう思う」と答えた割合（単位：%）

	2000 年	2005 年	2010 年
介助・介護が必要な障害者の支援	–	93.8	93.6
介護が必要な高齢者の支援	–	91.7	92.3
医療の提供	75.2	82.9	86.4
環境保護規制	82.5	90.0	86.0
高齢者の生活保障	76.0	81.6	82.6
育児・子育て支援	61.2	84.7	81.3
失業者の生活保障	45.3	67.4	80.7
産業の成長	61.0	56.9	76.0
完全雇用	55.2	63.5	67.1
低所得世帯の大学生への経済援助	53.8	69.3	60.8
所得再分配	43.4	49.1	52.9
住宅の提供	34.0	43.0	39.7

出典：武川・白波瀬編（2012）図表 1 より。

表 2 「政府の責任だと思いますか」の 4 択に対して「そう思う」と答えた割合（単位：%）

	強くそう思う	そう思う	あまり そう思わない	そう思わない
フランス	33.1	53.4	10.9	2.5
台湾	30.4	47.0	17.9	4.7
イギリス	30.1	52.6	14.5	2.8
アメリカ	27.9	48.6	18.6	4.9
韓国	24.5	50.7	19.9	4.9
ドイツ	19.6	60.2	18.4	1.8
日本	9.4	28.2	36.6	25.8

出典：ISSP（2016）より。

同時に、ホームレス状態、ハウジングプア、住居確保給付金は、一義的には、安心・安全な住まいがないということでもあることに着目したい。仕事や家族は大事だが、利用できる住まいとくに借家がない、ということである。筆者は、社会学という学問を出自としているが、社会学では、当たり前を問い直すことを大切にする。そこで本書では、キーとなる問いを、以下のように決める。つまり、いま住まいがどうして問題になったのか、ではなくて、これまで住まいがどうして問題に**ならなかった**のか、という問いである。

このような問題関心から、筆者は博士論文にて、戦後の高度経済成長期を中心とした、主に東京の民間貸家経営を研究した。その経営をくいつぶし型経営と呼ぶが、副業的・兼業的に個人経営がなされるがゆえに、「適切な」利潤が圧迫されても、経営が継続されるという特殊性を有しているのが、くいつぶし型経営の定義である。このくいつぶし型経営が、住まいの問題に対して様々な役割を果たしたことによって、住まいの社会問題化を未然に防いだのではないか、と考えた。本書では、高度経済成長期におけるくいつぶし型経営とその意義にスポットを当てて、現在の住まいの問題についてどう考えたらいいかという問いに貢献したい。

1　どうして民間借家が問題なのか？
――くいつぶし型経営の歴史的諸前提

(1) 民間借家はどのように問題になってきたか

本章では、くいつぶし型経営の前提として、どうして民間借家にスポットを当てるのかについて考えてみたい。歴史的に住宅問題／住宅危機と呼ばれるものがどのように考えられてきたかを振り返ることで、民間借家が住まいの問題に対して重要であることが理解されよう。

第1のポイントは、住宅問題は、都市労働者の住宅問題ということである。現在の経済的・社会的システムとして、資本主義という仕組みが採られており、資本主義の下での住宅問題は、産業革命以降、資本制工場生産の発展によって必然化された、都市労働者にとっての住宅問題である（原田 1985）。もちろん、住宅問題自体は多義的だが、資本主義が継続する限りにおいて、このような性質は失われていない。

では、こうした都市労働者に、誰が住まわせるのかと言えば、それは当初、民間借家だった。戦前の日本の住宅調査を一瞥して見ても、都市部では、借家が多数を占めている都市が少なくなかった（檜谷・住田 1988）。

ただし第2のポイントとして、民間貸家経営は、そもそも不安定であるということを指摘しておきたい。日本の住まいの研究者の中で、社会科学的観点から最も早く民間貸家経営の特殊性について触れていたのは、西山夘三であった。すなわち、住宅はその存続する全期間にわたる長期間の採算によって維持されるべきでありながら、住まいの社会的必要が資本主義社会のその時々の経済的・社会的発展の要求に対応すること、つまり経営収支の長期採算と現実的必要の臨時性との矛盾を、西山は指摘していた（西山 1942）。

とはいえ、この矛盾が指摘されたのが戦時中であったことには、留意が必要であろう。というのも、西山は、政策的介入を意図して、このような表現を用いていたように思われるからである。その前史を一瞥しておこう。

西山によれば、資本主義の母国と言われるイギリスでは、19世紀半ば頃までは、民間貸家経営は、労働者が都市に集住する、つまり住宅需要が高いことから、手頃な投資だと言われていた。ところが、19世紀半ば以降になると、都市問題としての住宅問題が社会問題となったこともあって、公衆衛生、都市計画、居住水準などに対して、政策的に規制・対応していくことになった。すると、例えば不適切な住宅であればスラムクリアランスの対象になる、あるいは狭すぎる住宅を供給することは許されない、などの形で、家主はこれまでのように利益が出せない状況になる。住宅問題の国際比較を行ったStuart Loweは、19世紀末に生じたこのような状況を、民間家主制度の危機と呼んでいる[1]（Lowe 2011）。

第3のポイントは、民間家主制度の危機に対して異なった対応が採られた、ということである。Loweの説明によれば、家主の違いが、政治システムの違いを媒介として、異なった政策的対応に帰結するとされる。まず、零細個人家主が中心であったイギリスは、二大政党制であり、主要政党と家主が支持・被支持の関係になかったので、家主は、もっと有利な投資先を求めて、民間借家市場から撤退した。他方、対照的なのがドイツだった。ドイツではもとより、土地所有者・不動産会社がいたが、多党制だったこともあって、家主の要求が一定程度、政策に反映・実現された。以上から、家主がいなくなってしまったイギリスでは地方自治体が公営住宅の担い手となる一方で、ドイツの場合、民間家主であっても、一定の条件を満たすことによって、社会住宅の供給が認められることになった。

以上みてきたように、住宅問題、民間貸家経営の不安定性、政策的対応の分岐・定着は、福祉国家と呼ばれる体制が安定するまでは、きわめて重要な問題だった。というのも、資本主義の発展に伴う社会問題は、同時に、資本主義の矛盾を示すものであり、社会主義革命の必要性の証左であるとも理解されていたからである（いわゆるマルクス主義による資本主義理解）。結果的には、先進資本主義国の多くで福祉国家が成立したこともあって、社会主義にはならなかった。とはいえ、住宅問題への対処も含めて、労働者をどのように社会に統合するかは、きわめて重要な問題だったのであり、民間借家の重要性はそれと切り離せないのである。

(2) 日本において借家はどう問題になったか

では、日本ではどうか。日本の近代化は、明治維新がひとつのメルクマールになるが、いわゆる列強諸国の中では、後発国だった。しかし、ヨーロッパ諸国が、第一次世界大戦を契機に住宅政策を大きく転換させていた時期には、日本もそれらに学ぶとともに、住宅政策に着手し始めた。一例を挙げれば、公益住宅（1919年）、住宅組合法（1921年）、借家法（1921年）、借地借家調停法（1922年）である。

とはいえ、ヨーロッパ諸国に比して、以下のような違いがあった。

第1に、社会住宅の定着と大きさである。第一次世界大戦とその後の対応をめぐって、イギリス（公営住宅）やドイツ（社会住宅）は、公的資金を用いて安価・良質な借家を困窮者に提供する（個別の国の名称ではなく、一般名詞としての仕組みを指す）社会住宅が提供され、その後も、紆余曲折を経ながらも、定着した。他方、日本でも公益住宅などが供給され始めたものの、ストック数でいえばごくわずかであり、本格的な供給は、戦後の公営住宅を待ってのものだった。

第2に、借家法が重要な役割を果たすことになった。もとより借家法とは、借家人保護を目的とする法律である。借家法は1921年にできたが、戦後にもつながる重要な改正は、戦時体制における家賃統制と立ち退き規制であった。つまり、家賃が上がってしまうと、賃金も上げることになってしまうから、戦時統制の一環として、戦前の時点での家賃にくぎ付けするものとして、家賃統制令が定められた（家賃統制令、1939年）。ただし、家主から立ち退きを理由に（闇）家賃の引き上げを借家人が迫られる状況に対して、借家法の改正による正当事由が導入された（1941年）。すなわち、正当な事由がないかぎり、立ち退きを規制したのであった。先に、借家法とは借家人保護を目的とすると述べたが、戦時体制においてその目的が拡充したことは重要である。

以上のように、日本においても、近代化・資本主義化に伴う、都市化による労働者の流入・登場と、それによる住宅問題は生じていた。しかし、イギリスほど公営住宅は供給されず、ドイツのように社会住宅が供給されることはなかった。現在に至るまで、日本は、社会住宅に住む世帯は多くなく、公的な住宅手当を利用している世帯も多くない。

1980年代以降、日本においても、福祉国家との関係で住宅政策が研究されていくようになった。ただし、研究対象となった日本の住宅政策への評価は、きわめて厳しいものだった。曰く、「わが国住宅法制と住宅政策が、本章の序説でみたような〝福祉国家の住宅政策〟たる論理や内容をもつものでなかったことは、もはや多言を要すまい（原田 1985：394頁）」。さらに1990年代半ば、『講座現代居住』という5巻本が出されたが、そこでは以下のように書かれている。「戦後の日本は、基本的人権の尊重と民主主義国家を標榜する新憲法のもと、さまざまな分野で曲がりなりにも最低生活保障の確立に努めてきた。だが住居に関しては、憲法25条の理念も法制度もまったく存在しない。住宅政策は自助主義・持家主義・戸数主義・経済政策の手段等に明らかに偏ってきた（早川 1996：ii頁）」、とやはり厳しい評価となっている。

すでに言葉としては出てきたが、厳しい評価のひとつは、公営住宅が少ないことであった。そこで、1990年時点でのテニュアの国際比較をみておきたい。テニュアというのは、住まいの所有・利用の形態のことで、持っているか（持家）借りているか（賃貸）、借りているとすれば誰からか（民間家主か、公的セクターが家主か、雇い主か）で分けられることが一般的である。日本は、長らくGDPは世界で2位だったが、**表3**からわかるとおり、社会住宅に住む世帯はトップクラスに多いわけではない。厳しい評価の理由はこれだけではないものの、社会住宅（日本の制度でいえば公営住宅が典型）の少なさはひとつの要因である。

表３　テニュアの国際比較（1990年、単位：%）

	持ち家	社会賃貸	民間賃貸
オランダ	44	44	12
イギリス	68	25	7
スウェーデン	42	22	19
オーストリア	55	20	25
デンマーク	51	18	26
フランス	54	17	23
ドイツ	n.a	15	43
フィンランド	67	15	9
アイルランド	81	11	8
日本	61	8	24
オーストラリア	70	7	19
ベルギー	63	7	31
ニュージーランド	n.a	6	23
カナダ	64	5	31
ノルウェー	59	4	18
ポルトガル	58	4	32
スイス	30	4	66
イタリア	67	3	23
スペイン	76	1	17
ギリシャ	77	0	23
アメリカ	64	n.a	33

出典:Doling（1997）table9.1、table10.1、table11.1より筆者作成。各国のテニュアには上記３類型にあてはまらないものもあるため、合計は100にならない。

(3) 本書のアプローチ ―― 社会学の観点から

1982年、日本住宅会議という学会が設立し、現在、筆者も所属している。住宅会議の設立時における基本的ロジックは、以下のようなものだった――「生存権も含めた社会権を擁護するために住宅政策が存在し、そうでありながら日本の住宅政策の現状は不十分と言わざるを得ない。そうであるがゆえに、『住まいは権利』を掲げる住宅の研究および社会運動が必要だ」。

これら先行研究への高い評価と同時に、社会学を出自とする筆者は、以下のようにも考えていた。社会学はどのように住宅問題研究に貢献できるかという観点から、問いの立て方は正しいのか、を検討することにした。そこで「はじめに」の問いに戻る。すなわち、住まいの観点から言えば、日本はなぜ福祉国家にならなかったか、ではなくて、福祉国家的対応を**しなくても済んだ**のはなぜか、と考えてみることにした。

改めて、本書において社会学というとき、以下のような意味を持たせて使う。ひとつには、当たり前を疑ってみること。いまひとつには、それと不可分だが、問いの立て方が正しいのかを考え直してみること。さらに、次章以降で言及するように、木造賃貸アパート(木賃アパート)が、都市計画あるいは住宅政策との関係で、独自の機能を果たしたことを分析する。

前節の原田や早川の引用からもわかるように、福祉国家と住宅政策との関係についての研究は、これまで「なぜ福祉国家にならなかったか」を問いとしてきた。それに対して、行政的・政治的要因からの回答がされてきた。公営住宅の責任者による自己責任的イデオロギーや(大本 1991)、住宅行政が建設省所管となり、自由民主党の長期政権もあいまいって「安定」した住宅政策の方針が定められた（建設戸数主義、持家主義、新築主義）ことなど（渡辺 1962、原田 1985）である。

他方、本書では、「なぜ福祉国家的対応をしなくても済んだのか」を問いとする。それに対して、経済的・社会的要因からの回答を提示する。居住保障をめぐる国際比較研究では、借家市場の在り方が住宅政策の方向性を規定するという主張が存在し（Kemeny 1995）、それとの関係で、戦後日本の（民間）借家市場を分析してみたい。先んじて結論しておくと、独特な民間貸家経営が、「合理」的市場の形成を阻害することによって合理的な政策的介入を困難にする一方で、その市場の在り方と相互作用的に、借家人および家主による社会運動を未然に防ぐことともなった。つまり、民間貸家経営の在り方が、福祉国家的対応をしなくても済んだ状況を生んだのであった。

住宅政策を、住宅問題を解決するという役割＝機能を持つものと考えるとするならば、翻って、住宅問題解決の機能を持つものは、必ずしも住宅政策に限定されない。戦後日本にあって重要な役割を果たすのは、借家法であり、社宅である、と言われてきた（佐藤 2009）。本書ではそれを、民間貸家経営だった、と考えてみたい。次章以降では、くいつぶし型経営と呼ばれる、戦後日本の都市部において一定程度見られた、民間貸家経営および家主の特質から住宅問題にアプローチしてみたい。

なぜ経営型と家主の特質に注目する必要があるのだろうか。それは、個人家主であることをもって、民間貸家経営の在り方が規定されるわけではないからである。近年、民間貸家経営に着目する研究が出てきた。これまで日本の研究では、個人家主による小規模零細ゆえの経営の「前近代性」が問題視されてきた。しかし、戦後イギリスの民間貸家経営をみても、企業・個人・その他の家主類型でみると個人家主が多かった（Crook and Kemp ２０１１）。あるいは、**表4**に示したように、国際比較でみても、個人家主が過半を占める国がほとんどである。

表4　総ストックに占める民間賃貸セクターとその個人所有ストック

	(a) 個人によって所有されるストックの割合	(b) 総ストックに占める民間賃貸住宅の割合
オーストラリア	大半	25
アイルランド	大半	10
フランス	95	22
ベルギー	86	18
スペイン	86	7
アメリカ	78	32
ノルウェー	78	17
イギリス	75	17
スイス	63	56
ドイツ	61	60
フィンランド	60	16
オランダ	44	10
デンマーク	8	16
オーストリア	僅少	18
スウェーデン	僅少	17

(a) については民間賃貸セクターのうち個人所有のストックの割合、(b) については全ストックのうち民間賃貸セクターが占める割合。いずれも2011年前後時点のデータ。

出典：Crook and Kemp (2014) の table1.2 と table1.4 より筆者作成。

2 くいつぶし型経営
――戦後日本の民間貸家経営

(1) くいつぶし型経営とはなにか

では、戦後日本の都市部において見られた民間貸家経営とはどのようなものか。ここでは、1970年代の住宅調査から提起されたくいつぶし型経営と呼ばれるものから、アプローチしてみたい。

資本主義の下の企業経営にあっては、一般的に、資本を投下して、利益を出し、その利益を元手に生産を拡大するという、いわゆる資本蓄積の法則がある。市場競争の中で、利益を出し続けなければ経営を継続することはできないので、この法則は、当然のようにも思える。少なくとも、経営における収支がトントンにならなければ(単純再生産)、赤字が出続けるので経営を継続するメリットがない。

しかし、戦後日本の都市部において見られたくいつぶし型経営は、この法則からすれば、特殊な経営であることが指摘されていた。すなわち、副業的・兼業的に個人経営がなされるがゆえに、「適切な」利潤が圧迫されても、経営が継続されるという特殊性を有しているのが、くいつぶし型経営だった(森本 1976)。くいつぶしという表現は、金利生活者が、利子部分のみならず元本をもくいつぶしながら生活をしていることから着想している。

先んじて結論すれば、本書では以下のように考える。すなわち、くいつぶし型経営があったがゆえに、住宅問題が政策的に対応しなければならない状況を未然に防ぐとともに、現在の住宅問題にも連なっていると評価できるのではないか、というものである。

なお、くいつぶし型経営は、実証された限りにおいて、都市部において一定程度普遍的に見られると言われているが、本書では東京圏（おおまかに1都3県）を対象とする。なぜならば、地域によって、戦前の住宅事情からの連続・断続や、戦後における流入人口の多寡や、あるいは開発の担い手などの違いから、地域分化の在り方や住宅事情が異なると考えられるためである。

（2）くいつぶし型経営の諸前提

では、くいつぶし型経営は、どのように住宅問題と関わったのか。くいつぶし型経営の前提として、どのような時代状況・背景があったのかを見ておきたい。

第1に、絶対的住宅不足である。敗戦時点では、約420万戸の住宅が不足していた（本間1988）。それが30年足らずのうちに、1973年には、全国レベルで、住宅数が世帯数を上回った。世帯も急激に増えていったが、それを超える速度で住宅が供給されたことを意味している。

第2に、膨大な人口移動である。住宅事情を考える時、戦後という時期区分は重要である。つまり、戦後復興が一段落した後、1955年から1973年は高度経済成長期と呼ばれ、この時期には農村から都市に、厖大な量の人口流入が生じた（1976年に初めてマイナスを記録するため、1975年までを図示した）。**図1**は、三大都市圏における、転入数から転出数を引いたものである。いかに多くの

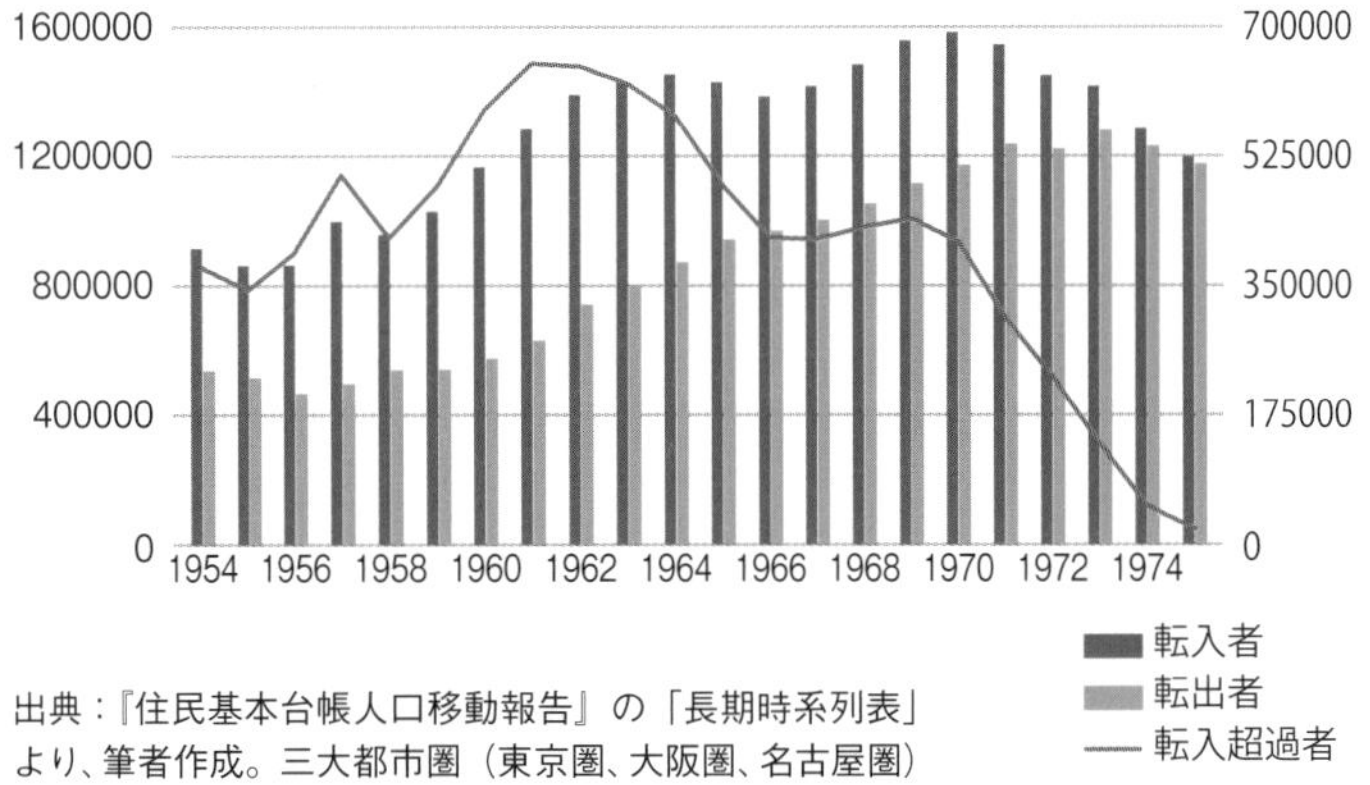

出典：『住民基本台帳人口移動報告』の「長期時系列表」より、筆者作成。三大都市圏（東京圏、大阪圏、名古屋圏）の定義・指標は、当該資料に基づく。転入者・転出者が左軸、転入超過が右軸を表す。

図1　三大都市圏への転入超過

人口が移動していたか、そしてその帰結として、都市部に多くの人口が流入していたかが理解されよう。

なお、戦後復興と高度経済成長を時期的に区分することは、以下のような意味で重要である。第1に挙げた指摘では、住宅の量的不足が一義的に改善しているように思われるが、実はそうではない。というのも、**図2**に示したように、1958年までは改善していた住宅の量的不足が、高度経済成長期にはいったんフラットになって、再度改善していくからである。くいつぶし型経営が住宅の量的不足に貢献したことを3－（1）にて後述するが、それは言い換えれば、戦後復興期の民間貸家経営と、高度経済成長期のそれとを、質的に区分して捉える必要がある、ということである。

先に、全国レベルで見ても、世帯数を上回る住宅数の供給がなされたことを見たが、住宅の不足は、都市部において深刻であったことが**図2**からも読み取れる。では、このような深刻な住宅難が、どのように対応されたかを考えるうえで、以下のようなメカ

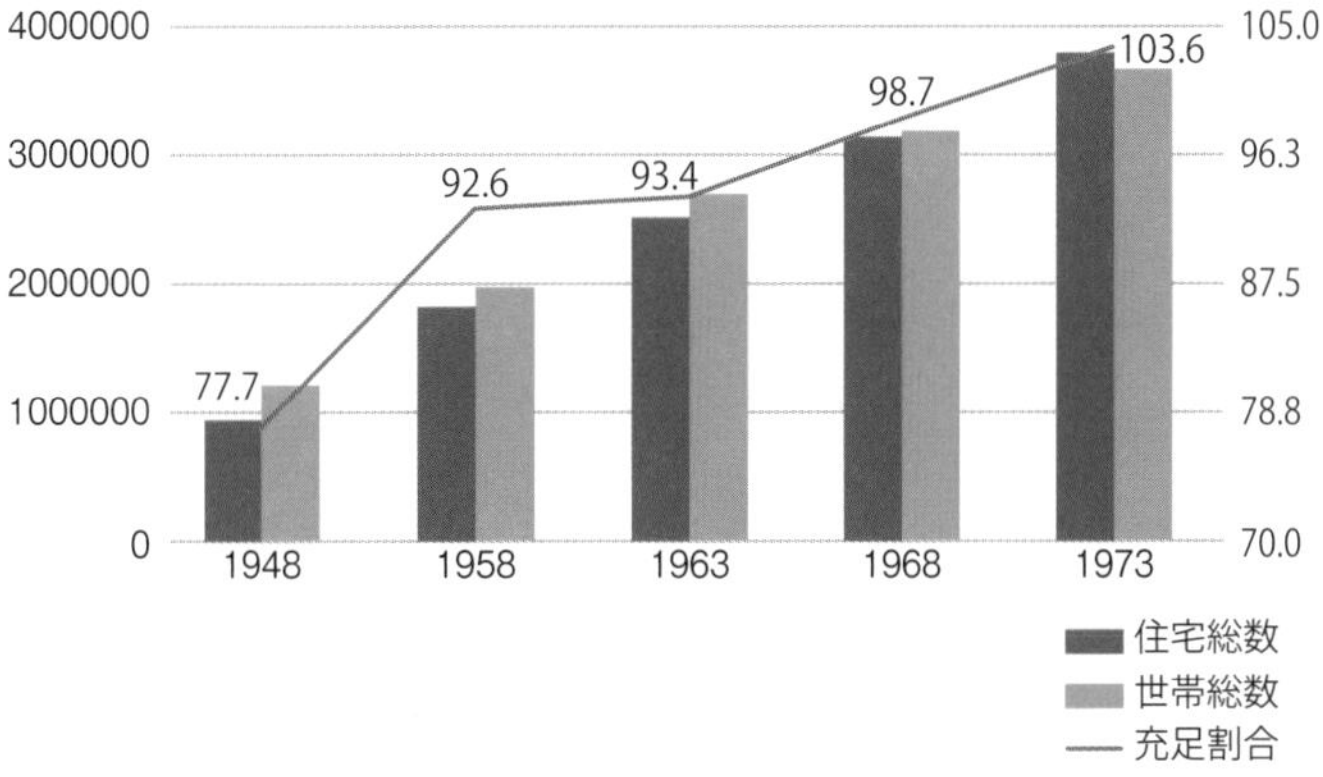

出典：『住宅統計調査』昭和48年度・表5より筆者作成。

図2　住宅充足割合（東京都、住宅総数と世帯総数は実数／割合は％）

ニズムの指摘は、きわめて重要である。

政府の期待した民間貸家の復活がこのような形でしか実現されえなかった理由は……第一に、都市計画や土地政策不在の無秩序な住宅建設促進政策によってもたらされた地価上昇は、固定資産税の上昇として土地所有者の上にはねかえり、そのことが零細家主をして、土地の利用密度と地代家賃の引上げにむかうことを必然化せしめたこと……第二に、しかしその場合、借家人の家賃負担能力（所得水準）に限界がある以上、右の地主（家主）側の要請は、結局借家人の負担能力にみあうまでの住居水準の切り下げという形でしか実現されえない…第三に、公共賃貸住宅の決定的な量的不足……が、このような家主……の行動を下支えする役割を果たした。というのは、仮に低家賃の公共住宅がふんだんに手近にあれば、低所得者層といえどもそのような劣悪な居住条件をあえて強いられることはない――したがって、高家賃・低居住水準の木賃アパート経営が成り立つ余地はそれだけ狭められる――筈だからである（原田 1985：385頁）。

上記の引用文は、建設省（当時）の官僚が、戦前のような民間貸家が望ましいと発言したことを受けて、それができない理由について述べたものである。改めて整理すると、以下のような条件の下で、くいつぶし型経営が成立するとともに、役割を果たしていたことがわかる。

すなわち第1に、都市計画である。住宅は、どこかの土地に建てられることから、土地利用計画・都市計画に服することになる。都市全体のイメージおよびそれとの関連から、ヨーロッパにあっては建築不自由の原則があるのに対して、日本の場合、都市計画による土地利用規制が緩い――極端な言い方をすれば、どこに・どのような住宅を建ててもよい――ことから、建築自由の原則と評される（高橋 2001）。事実上、土地所有者が制限なく住宅を建ててよいわけだから、いきおい地価上昇に向かうことになる。

ただし第2に、借家人の家賃負担能力に見合う水準の家賃設定をしなければならないという意味において、需要に規定された供給になる。地価上昇による固定資産税上昇の対策に、土地利用の高密度化もあいまって、民間住宅は、その大半が共同住宅という形式で提供されるとともに、低質な居住水準に据え置かれることになった。

併せて第3に、日本には住居法がなかった。ここでいう住居法のイメージとは、2つの要素をもつものである。ひとつには、住宅費の負担能力をアフォーダビリティと呼ぶが、生活費に占める住宅費が大きくならないようにすること＝アフォーダビリティ保障が重要である。いまひとつには、居住するにたる、世帯人数に応じた規模（規模水準）と設備として十分であること（設備水準）を併せて、居住水準保障が重要である。社会政策研究的に表現すれば、所得保障と居住水準保障ということになる。ただし日本では、住居法が今に至るまで成立していない（cf 堀内 2021）。**表3**でも見たように、日本は社会住宅が多くない。つまり、間接的に家賃や居住水準の規制が弱い。同時に、直接的な規制すなわち居住水準保障に関して言えば、最低居住水準の設定は１９７３年以降[2]のため、居住水準について直接・間接の規制が実効的ではなかった。

（３）くいつぶし型経営のメカニズム

上記のようなくいつぶし型経営の諸前提は、あくまで民間借家市場を規定する環境であって、民間貸家経営そのものを説明するものではない。そこで、くいつぶし型経営がどのようなメカニズムで生じており、機能することになったのかを見ていきたい。本章の限りでくいつぶし型経営を指すのは、高度経済成長期のことであるということを確認しておきたい。

第１に、小土地所有者の存在である。戦後の農地改革が、既存の小作農を自作農化したことはつとに知られているが、既存の農家が、小土地所有者になったことも意味している。戦後直後は、住宅ストックの荒廃に加え、財産税の実施によって家主に大きな負担が生じた。このため、民間貸家経営は壊滅的な状況だった。事実、民間賃貸住宅は家主から既存借家人に売却されたり、家主の経営規模を縮小したりしていた。

１９５０年代の時点では、戦前と同じく、戸建て・長屋建ての借家供給が主流だった。**図３**は、東京都の建て方別の住宅数の推移をみたものである。『住宅統計調査』の訊き方の問題で、テニュアと建て方[3]のクロス表が出せないため、建て方のみになっている。とはいえ、マンション（持家×共同住宅）

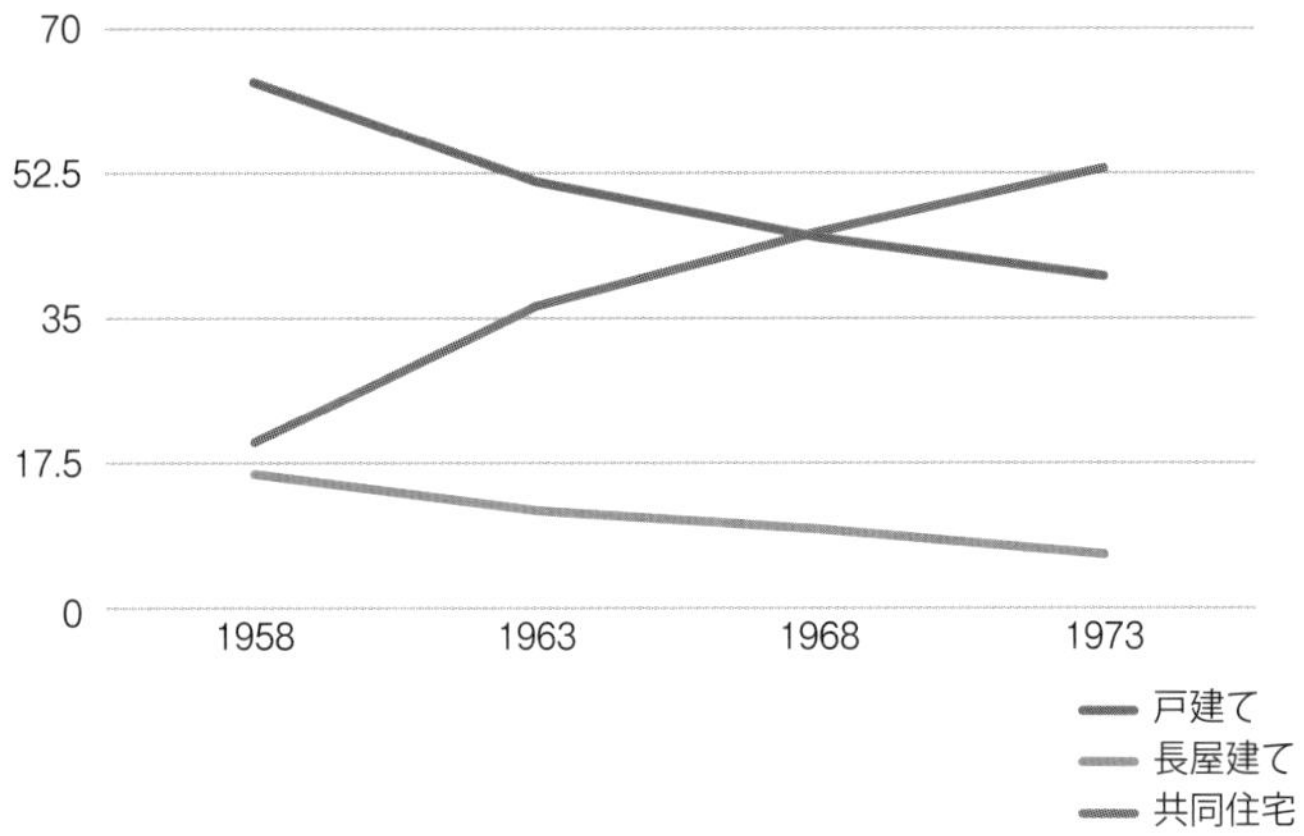

出典：『住宅統計調査』各年度より、筆者作成。

図3　建て方別住宅数の時系列（東京都：単位％）

が一般化するのはより後の時代であるから、戸建ては持家、共同住宅は賃貸に緩やかに対応していると考えて差し支えないであろう。この時、借地上に経営していた家主層も一定程度存在したが、後には、共同形式の住宅が増えるとともに、持地層が多数派になっていく。

図4は、東京以外も含めた、1973年時点での建設時期別の敷地所有率をしたものである。地域差も確認できる（からこそ、本書では東京圏に限定しているが）東京では、いったん下がった敷地所有率が、1950年代を底にして上昇していることがわかる。

以上より、戦後復興が一定程度果たされた時期以降は、民間貸家経営に小土地所有者の参入があること、そして持地の規模がもともと小さいこともあり、できるだけ多くの収入＝家賃を得ようと思えば、共同住宅形式が合理的である、というようにまとめることができよう。

第2に、小土地所有という要素が、都市化に伴う借家ニーズの拡大とも結びついて供給メカニズムとして機能していたことを、

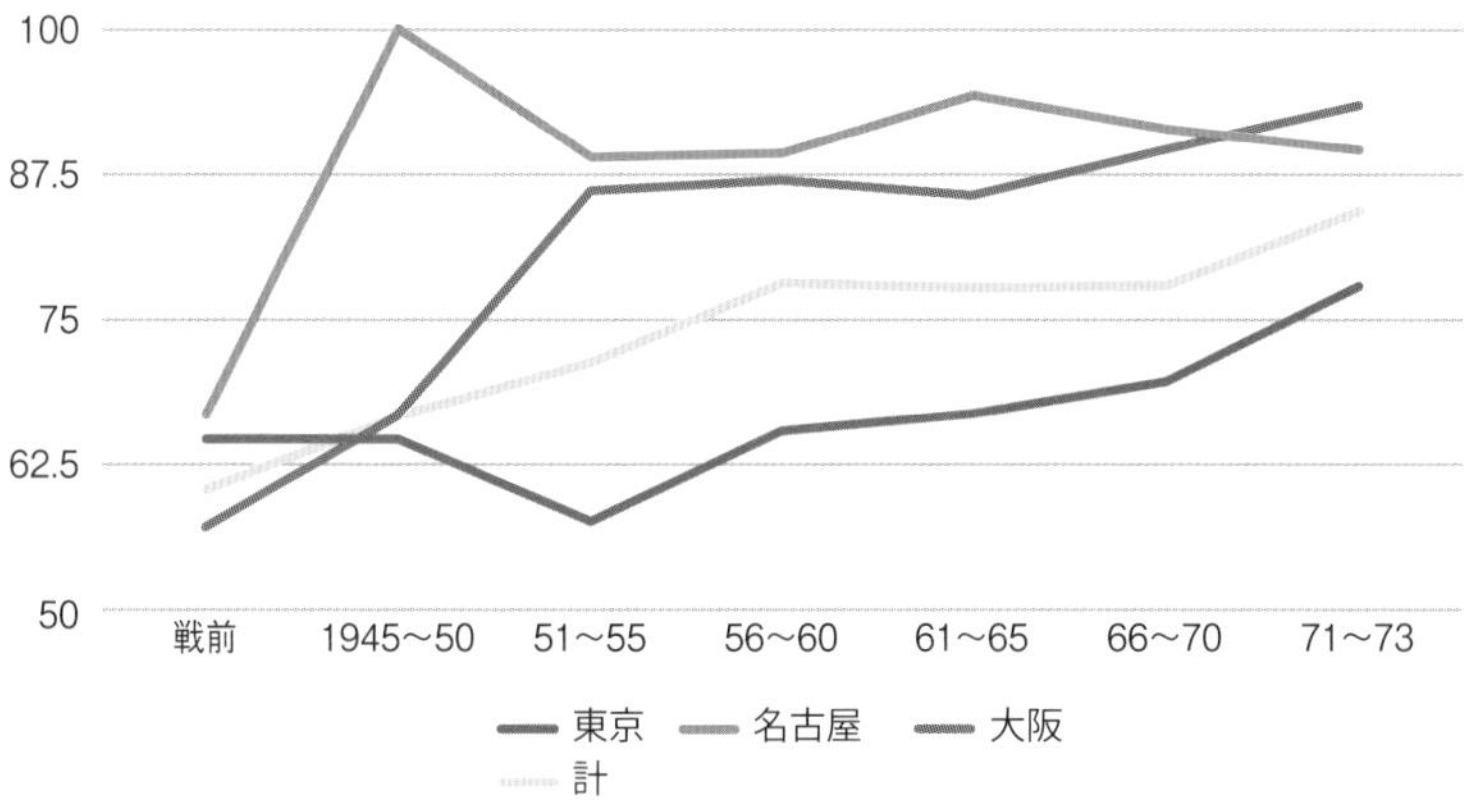

出典：三宅ほか（1973）より。

図 4　建設時期別の敷地所有率

ここでは指摘しておきたい。

都市化に伴う借家ニーズの拡大に対して、家主は2つのメカニズムで借家供給を行った。まず、1つめのメカニズムとして、山手線沿線地域の既成市街地にあっては、家主の既存持家の建て替えに伴って、アパートが供給されていた。小土地所有者の場合、持家が古くなったり老朽化したりすることがあるため、既成市街地にあっては、飽和状態と呼ばれるほどに住宅密度が高くなっていたので、アパートを供給することは、借家需要に応えることになった。そこで建て替えに際しては、下駄履きアパートと呼ばれる、1階が店舗だったり（外観が下駄を履いているように見える）自宅だったりして2階以上をアパートにする借家が供給された。あるいは、庭先木賃と呼ばれる、家主の自宅の庭先にアパートを建てられることもあった。

これに対して、新興住宅地いわゆる郊外地域においては、既成市街地とは違って、2つのメカニズムがあった。ひとつには、都市化によって住宅地も拡大していくことを見越して、投資家的に、先駆的に貸家経営に参入した層である。いまひとつには、もともと農家であった層が、農地を転用してアパートを供給したという層である。**表5**からわかるように、アパートを建設する前の敷地

表5　アパート建設前敷地状況（単位：%）

	住宅地	田畑	空地	工場・店舗・倉庫等	その他
山手周辺（110）	38.3	20.8	29.2	3.3	8.3
都下近郊（44）	34.1	47.7	15.9	2.3	0.0
下町周辺（61）	14.8	80.3	4.9	0.0	0.0
合計（215）	31.1	42.2	20.0	2.2	4.4

出典：建設省・日本住宅公団（1970）附表4-1-10より。

は、山手は住宅地あるいは空地が多いのに対して、山手を離れると田畑が多くなることから、このようなメカニズムが理解されよう。

このように、都市化に伴う借家ニーズの拡大に対して、既成市街地においては家主の持家の建て替えに伴ってアパート供給が行われ、新興市街地・郊外地域においては、先駆的投資家と、農家による農地転用によってアパート供給が行われていた。**写真1**は、東京ではなく大阪のものだが、西山夘三によって撮影された、木賃アパート（関西では文化住宅と呼ばれていた）である。

（4）家主の諸属性と経営条件

前節のメカニズム、そして次節の経営合理性と不可分であるのが、家主の諸属性である。ここでは、3つの観点から家主の属性を明らかにしたい。

第1に、参入条件である。建設省・日本住宅公団の調査によれば、経営開始の理由として「土地を持っていた」が52・5%で過半を超えており、「建て替えを機会に」「資金の目安が付いた」などが後押ししたと指摘される通り、土地の所有・利用を前提に、新築が84%、建て替えが11・6%であった。土地・アパートの取得費は、土地0円が84・8%を含み、平均は515・8万円である。このうち借入金は、「なし」52・1%

出典：NPO法人西山夘三記念すまい・まちづくり文庫提供

写真1　大阪市都島区の文化住宅（木賃アパート）

を含んで平均147・5万円であるのに対し、自己資金は200万円未満が最多で25・7%だが、ばらつきがある。自己資金のみが47・9%であり、自己資金だけでは不足するものを多少なりとも借入金に依存していることがわかる。以上より、土地所有を前提としているがゆえに参入することができた一方で、取得費用を経営費用に考慮せずにすんでいることがわかる。

第2に、職業である。次ページ**表6**にあるように、専業が4分の1ほどであり、多くは兼業であったことがわかる。実は1950年代、アパートと呼ばれる共同住宅形式が出てきたばかりのときは、不動産業者など住宅関連業者が一部に存在し、いわば先駆的に、アパート経営に乗り出していた。これに対し、都市化の拡大、さらに大量の小土地所有者の存在を前提に、家主業の広がりが見られたと考えられる。それまでは多くなかった農家による兼業家主が一定程度存在する（20・4%）ことは、その現れの一つと考えられるだろう。

職業が家主に与える影響は、いくつか考えられる。まず、家賃収入以外に収入が存在することから、貸家経営が必ずしもペイしなくても継続するという限りにおいて、（兼業）くいつぶし型への傾向を持つことになった。次に、年齢との関係をみると、50代が32・1%、60代以上が31・6%と6割を超えているが（1970年時点の平均寿命はちょうど70歳だったが）、年齢が高い家主にとっては、木賃アパートの建て替えの時期になったとしても、そもそも必ずしも長期的に経営をしようとしておらず、そのための資金積み立てをして

表6　家主の職業の比較

1965年調査		1966年調査		1970年調査	
専業	31	専業	40.9	専業	27.6
事務雇用者	35.6	サラリーマン	26.2	会社役員	11.4
				公務員	0.6
				民間雇用者	20.4
個人業主	29.1	個人業主	21.6	農業	20.4
				建設業	2.4
				個人業主・自由業	11.4
その他	4.3	その他*	11.3	その他	5.8

＊については、このうちに農家を含むとの記載あり。

出典：宮崎・服部（1968：表3-5）および、建設省・日本住宅公団（1970：図4-3-1）より。

いないのだから、高齢家主にとっての建て替えは、消極的にならざるをえなかった。

第3に、経営意向である。先ほどの参入条件とも重複するが、参入の主観的意図としては、「現収入ではやって行けないから」（34・6％）、「将来のため」（22・8％）、「増収のため」（18・6％）であった。つまり、稼得収入や年金など、他に収入があるからこそ、補填的な収入を欲して参入したのであって、そもそも専業的に利益をあげようと考えていた層は多くなかった。

それとも関わって、経営計画もみておきたい。全体的には、「拡大したいので検討中」が19・4％、「拡大したいが難しい」が17・6％であって、約4割が経営に積極的である。他方では、「現状維持」が60・6％であってこちらが多数派であった。より細かくみると、「拡大したいが難しい」派のうち、「安い資金が得られない」を理由とするのが50・0％、「土地がない」とするのが40・0％であった。他方、「拡大したいので検討中」派は、まだ「土地を持っている」「敷地に余裕がある」が8割に達している。以上からみるに、現状維持派が多く、それ以外にも拡大意向がある家主もいるものの、それは多分に土地所有・土地へのアクセスに依存していた。

（5）家主にとっての合理性——経営合理性の検討

以上のようなメカニズムは、都市計画における土地利用規制の弱さや公共住宅政策の少なさなど客観的諸条件のみならず、家主にとっての主観的合理性によっても支えられていた。まず、家主にとっては、当初から建て替える意思を積極的に有していなかった。というのも、自宅の空地あるいは農地の転用は、もともと所有する土地だったから活用したのであり、言い換えれば、積極的に経営を拡大しようとしていなかったためである。

このような家主の意識は、いくつかの客観的諸条件と結びついて、以下のような特徴をもたらした。第1に、地代そのものではなく、地代相当分というカテゴリを、経営費用として内包していた。先に**図4**を示したが、東京では1950年代半ば以降、持地率が上がっていった。持地率の上昇が意味することは、ひとつには、借地を借りている場合の借地料を考慮しなくてもいいということであり、いまひとつには、持地としての税金（固定資産税・都市計画税）の分さえあれば、少なくとも赤字にはならないということであって、**家主の主観においては**、地代が事実上、圧縮されているということである。

第2に、いったん建てた貸家を、建て替えようとしていなかった、ということである。これにもいくつかの要素がある。**表7**に挙げているが、ひとつには、中期的には修繕費を考慮する必要があるが、修繕費を考慮している割合は6割ほどであった。いまひとつには、仮に建て替えるにしても、償却費を考慮しているのも6割ほどであった。

表７　経営費用の考慮の度合

		充分	ある程度	ほとんど	全く
償却費の考慮					
	木賃	12	42	27	19
	鉄賃	15	48	25	12
将来の修繕費の考慮					
	木賃	12	47	24	16
	鉄賃	15	55	20	11
空き家・家賃不払引当金					
	木賃	6	28	38	28
	鉄賃	8	38	33	21

出典：三宅ほか（1977）より。

後述するように、都市計画・居住水準などの規制が徐々に厳しくなっていくことから、建て替える際には、それらを満足した住宅を建てなければならない。ただし、土地は、もともと持地であるか、せいぜい自宅と近隣、あるいは所有している農地であるから、土地それ自体が広いわけではない。したがって、土地が増えない以上、建て替えた場合の貸家は、建て替える前の貸家よりも戸数が少なくなり、この場合、家賃収入が少なくなることが想定される。

このように考えると、建て替えを考慮しないことは、修繕費および償却費を、家賃に含めない・家賃の構成要素として考えなくてよいことから、やはり家主の主観においては、これら修繕費・償却費が事実上、圧縮されているということである。

以上みてきたように、地代にしても、修繕費・償却費にしても、経営の（中長期的）維持、いわんや経営の拡大を考えない限りにおいて、家賃に占めるそれら諸要素の部分を家主の主観の中で捨象していた。本来は考慮すべきそれら諸経費を、諸経費として考慮せず、家賃収入をそのまま生計費に充てることは合理的なのである。

3　くいつぶし型経営の諸機能

（1）住宅の量的不足に対する積極的貢献

では改めて、このような前提とメカニズムを有するくいつぶし型経営は、住宅問題の解決に対して、どのような役割＝機能を果たしたのか。まずひとつ挙げられるのは、住宅の量的不足に対して、量的供給の担い手になったということである。**表8**に示したとおり、住宅総数に占める借家の割合は年々増加していることがわかり、借家の中でも民間借家が高い割合で推移していることが見て取れる。

2－（2）では、都市計画による土地利用規制の弱さを指摘した。都市計画の日本的特徴を超えて、より一般的に表現すれば、土地利用の高度化自体は、人口が集中し、住宅も高層化の技術が可能になった下では、いわば近代化に伴う趨勢であった。住まいにおいて近代化といえば、たとえば先進的な技術革新を背景とした、日本住宅公団（現：UR）を中心とした大規模団地が思い浮かぶ。それら団地とは供給される建築物あたりの規模も居住水準も違うにせよ、民間共同住宅としての貸家供給・経営が行われたことは、量的不足に対する積極的な貢献と言えよう。

ただし併せて、以下のことを確認しておく必要がある。つまり、居住水準が悪いことを、手放しで

表8　住宅数と民間借家数の変遷

	総数（a）	借家（b）	民間借家（c）			c/a	c/b
				設備専用	設備共用		
1948	934735	467027	—	—	—	—	—
1958	1765000	760000	547000	547000		31.0	72.0
1963	2422000	1340000	992000	444000	548000	41.0	74.0
1968	2962780	1746690	1304430	623660	680770	44.0	74.7
1973	3504400	2122300	1555600	1006300	549300	44.4	73.3

出典：『住宅統計調査』各年度より筆者作成。

評価してよいのか、という論点である。居住水準の改善が、借家も含めた住宅市場総体の政策的コントロールという方向性ではなく、むしろ別の方向へ――持家による居住水準の改善――と水路づけられることになったことを見ておきたい（4章にて後述）。

(2)「相対的」低家賃の実現

くいつぶし型経営の機能の2つめは、「相対的」低家賃の実現である。ここで、相対的にカッコをつけているのにはいくつかの前提があってのことなので、それを先に説明しておきたい。

2－(2) でみた住居法の不在、都市計画の土地利用規制の弱さ、公営住宅の少なさを前提として、民間借家の家賃を議論する必要がある。つまり、これらの諸条件の下であれば、地価高騰が、ストレートに家賃に反映され、家賃上昇が生じるはずでありながら、必ずしもそうはなっていない、という意味において、あくまで「相対的」に低家賃だったということである。

2－(3) で見たように、農地改革あるいは新興住宅地の拡大を背景に、小土地所有者にとっては、民間貸家市場への参入障壁は低かったと考えられる。ただし、あくまで土地は零細であり、かつ多くの利益を上げようと思えば、土

表9　借家の広さおよび家賃（全国）

		借家総数	公営・公団・公社	民営借家（設備専用）	民営借家（設備共用）	給与住宅
1住宅当たり畳数						
	1963	12.7	12.6	14.0	7.3	16.5
	1968	12.7	13.3	13.3	7.3	16.9
	1973	13.5	14.1	13.6	7.1	17.8
1か月あたり家賃・間代						
	1963	3221	2410	4144	3960	942
	1968	5352	3838	7191	5479	1850
	1973	10029	6303	13655	8142	3711

出典：『住宅統計調査』1973年版より筆者作成。

地の容積率および自己資金と借入金の合計が許す限りの小さいアパートを建てざるを得ず、さらにそのアパートを、なるべく多くの（一世帯が住む）部屋に分けざるを得なかった。

そこで、**表9**のとおり、借家の家賃を見ておきたい。ここから、民間借家の、面積単位当たり家賃は高いながらも、設備共用は狭いがために他に比して安価なアパートが供給されていたことがわかる。民間共同住宅は、当初、設備共用から始まり、あるいは1室木賃から始まり、そこから設備専用あるいは2室木賃へと供給の主体が変容していった。ゆえに最新の民間借家であれば家賃は高くなるが、他方、低質ながらも低家賃であるストックが残り続けたことは、重要な意義を持った。すなわち、1950年代から60年代にかけて地代家賃統制令が緩和・撤廃され、必ずしも公的住宅が増えていかない戦後の住宅事情にあっては、木賃アパートは、一定の留保をつけながらも、「相対的」低家賃ストックとしての意義を持つものであった。

（3）借家関係による住宅問題の抑制・無力化

くいつぶし型経営の第3の機能は、借家関係による住宅問題の未然防止である。一般的に、家主――借家人の関係のことを、借家関係と呼称する。借家関係に基づく借家契約は、貨幣（借家人が家賃を家主に支払う）とサービス（家主が借家人に貸家を供する）の交換関係である点は、他の契約関係と変わらない。それにもかかわらず、借家関係が大事だというのはなぜか。

2－（3）で見たように、既成市街地においては家主の持家の建て替えに伴ったり、郊外地域において農地転用に寄ったりする形で、アパートが供給されていた。このメカニズムが、借家関係の在り方に結びつく。というのは、第1に、家主の自宅と一体（下駄履き木賃）だったり、自宅の庭先（庭先木賃）だったりというのは、家主―借家人関係が、契約関係であると同時に、近隣住民、いわばご近所さんでもある、という関係を内包しているからである。**表10**は、1969年に東京と大阪で行われた調査の結果であるが、東京では、同一棟内および同一敷地内の割合が高いことがわかる。[4]

ここで言わんとすることは、借家関係の二重性である。社会学では、規範を扱う際、規範がどのように成立するのか、ある規範を維持するための秩序がどう保たれるのかに着目する。契約関係であると同時に、住民同士でもあるという関係性は、家主および借家人両者に対して、以下のような規範をもたらす。すなわち、契約関係からみると、借家人は家主に対して家賃を支払うべきだし、家主は借家人に借家を供するべきである。のみならず、住民同士という関係からみると、ご近所さんでもあり、近所の目もあるのだから、家賃を払わないのは申し訳ないし、家賃を払わないからといってむやみに追い出すべきではない、ということが想定される。

また木賃調査も含めて、住宅調査を積極的に行っていた三宅醇も、このような観点を指摘していた。

鉄賃（中層）アパート調査……で、外来資本の分譲マンションだと高層になり、地元資本（住民）の賃貸アパートだと中層止まりになるという、経験則を得た。家主がそこに住んでいるから、**互いの許せる範囲**の高さで収めるという生活の知恵が伺えた。これは重要なポイントだと感じた（三宅 2011：70頁、強調筆者）。

1980年代以降、法人によって高層建築がされたことによって、日照権などの近隣トラブルが社会問題化した。引用で示した、個人家主によるアパート供給は、それとは対照的である。すなわち、個人ではなく法人が、かつ土地の高度利用として高層建築をすると、当然に、高さが日照権と衝突せざるを得ない。対して、個人かつせいぜいが2〜3階建てのアパートでは、考えがたいことだった。したがって、このような個人家主の考えは、借家関係にも反映したと想定しうる。

表10　家主の居住地と貸家の所在地との関係（単位：%）

	同一棟内	同一敷地内	その他
東京	38.7	34.9	26.4
大阪	26.8	19.0	54.2

出典：建設省（1969）表17より。

4　くいつぶし型経営の変容と現在

（1）くいつぶし型経営への介入の困難

以上みてきたように、くいつぶし型経営は、様々に批判がありながらも、住宅問題に対する一定の機能を果たしていたがために、存在していたと言える。改めて確認しておくと、住宅不足に対する量的貢献、「相対的」低家賃の実現、借家関係による住宅問題の抑制・無力化の3つの機能であった。しかし、くいつぶし型経営をめぐる環境およびくいつぶし型経営そのものも、変化は避けがたく、ここではその変容を見ていきたい。

第1に、変化の背景にあったのは、木賃アパートそれ自体の社会問題化である。本書では、木賃アパートの機能ということで、積極的な面にスポットを当ててきたが、同時代的にはむしろ、消極的側面・デメリットが問題視されていた。というのは、木賃アパート自体に、いくつかの問題が指摘されていたからである。

というのは、ひとつには、木賃アパートが、住宅問題の質的問題であると認識されていたということである。住宅問題は、量的不足のみならず、質的不足としても理解されるが（西山 1943：第1篇3章）、質的不足は、不十分な居住水準と言い換えられる。つまり、木賃アパート自身が狭くて設備も不十分だった、ということである。量的不足に貢献したが、同時に居住水準からすると問題だとみなされていた。

いまひとつには、木賃アパートが、都市問題としても問題になっていた。狭小な土地の上に、少しでも多くの（一世帯分の）部屋を持つアパートを建てようとすると、建てづまりと呼ばれる、建蔽率や容積率の上限ギリギリ（建てづまりと呼ばれる）あるいは既存不適格[5]の状態になる。そうなると、例えば日当たりが良くなかったり、建物の前の道路の幅を確保できなかったりなど、物理的な意味でのまちづくりにとって問題だということになる。

しかし第2に、社会問題化されたとしても、木賃アパートへの介入は、容易なことではなかった。実は、くいつぶし型経営を提起した森本も、社会問題となった木賃アパートの建て替えという問題意識をもって、民間貸家経営の調査を始めていた。つまり、木賃アパートは、住宅問題としても都市問題としても、問題視されているにも関わらず、それに対する介入が容易でないのはなぜか、という問いにアプローチした結果、くいつぶし型経営という回答が出された、ということである。

改めて考えてみるならば、くいつぶし型経営は、土地所有と、自己資金と借入資金があれば、参入が可能であるがために、多くのアパートが経営されたことが始まりだった。翻って、介入という場合、いくつかの形態が考えられるにせよ、いずれも難しいということが分かってきた。

例えば、除去するにしても、借家人全員が退去するまでは空き家状態にすることができない。また、（空き家であっても）アパートの建物があれば土地が有効活用されているとみなされるが、空き地のままにしていると活用していないとされて固定資産税・都市計画税が増える（これは現在も同様であり、現在は6倍になる)。したがって、除去し、更地のままにするということは、家主にとって大きなハードルになる。

あるいは、建て替えも難しいということが言われていた。この理由は、第1に、家主自身の属性から説明される。兼業家主が大半であり、自営業者(自営業収入)や高齢者(年金)など家賃収入以外の収入があるため、減収したとしても、それがそのまま経営からの撤退ということにはなりがたい。高齢であればなおさら、建て替えに伴う経済的コスト、それを見越した収支計算、それに対する自分自身の経営のコミットについては、消極的にならざるを得なかった。

第2に、建て替える場合、当然に都市計画上の様々なルールを守らなければいけない。とくに既存不適格の場合、自分の土地だけで建て替えるとなると、元のアパートよりも狭く小さな建物にならざるをえず、利益を上げるのが難しくなる。あるいは、他人の土地も含めて共同建て替えをする場合は、権利をめぐる折衝や調整、さらに経営に関する方針の統一や実際の運営など、コストが発生することになるので、やはり消極的ということになる。

(2) くいつぶし型経営・その後

こうした1970年代から1980年代にかけてのくいつぶし型経営の変容は、住宅政策を考えるうえでも、重要な時期であった。第1に、住宅政策の転換の可能性である。1970年代初頭、公共住宅政策重視への住宅政策の転換の可能性があったが、それは果たされなかった(砂原 2019)。他方、1980年代には、日本型住宅政策・持家社会が定着したとされる（住田 2015）。どこまで現実的な可能性があったかはおくにしても、住宅政策転換のタイミングにおいて、くいつぶし型経営が議論されていたのであった。ということは、くいつぶし型経営への介入の在り方によっては、住宅政策の転換がありえたということをも示唆する。

第2に、貸家市場については、紆余曲折があった。くいつぶし型経営への介入の困難と日本型住宅政策の定着とは、直接には因果関係があるとは言い難い。ただし、日本型住宅政策が定着し、持家社会が自明のものとなっていくことは、民間貸家市場の軽視に帰結する。民間貸家市場は、若い、あるいは困窮した一部の層だけが入居しているのであり、それほど重要な社会問題・政策課題ではないということになる。他方、しかしながら貸家市場には紆余曲折があった。列挙するにとどめるが、1990年代初頭のバブルによる地価・住宅費高騰に対応する形で、特定優良賃貸住宅（1993年）が成立する。定期借家導入（2000年）をはさんで、住宅政策が、市場化・セーフティネット化という方向性（川崎 2019）へ再編されることとの関係で、2006年の住生活基本法体制の下、公的借家のみならず、**民間**借家もセーフティネット＝新しいセーフティネットと位置付けられることになった（2007年に、住宅セーフティネット法が成立）。

こうした一瞥からも明らかなように、実際には民間貸家市場は、政策課題となり続けている。しかし、くいつぶし型経営以降、民間貸家経営を理論的につかもうとする試みは、必ずしも現れていないように思われる。そしてそのような理論的な把握の弱さは、当然に、住宅研究・住宅政策の議論の精度を高めることを阻害する。

5　まとめ

本書では、高度経済成長期におけるくいつぶし型経営とその意義にスポットを当てて、現在の住まいの問題についてどう考えたらいいかについて、考えてきた。紙幅の都合もあり、現在の住まいについて直接は言及していないが、改めてまとめておきたい。

本書では、日本社会において、これまで住まいが問題にならなかったのはなぜか、という問いを出発点とした。それは、住まいの問題がなかったから、ではない。戦後直後の住宅不足、そして都市化に伴う住宅問題の深化は、たしかに存在した。それにもかかわらず、結果的に福祉国家的な住宅政策が成立しなかったのはなぜか。本書では、それに対して、福祉国家的対応をしなくても済んだからだ、という回答を与えた。それは、特殊な民間貸家経営がカギとなっていた。

くいつぶし型経営とは、副業的・兼業的に個人経営がなされるがゆえに、「適切な」利潤が圧迫されても、経営が継続されるという特殊性を有していた経営と定義された。そして、高度経済成長期にあっては、くいつぶし型経営は、大きく3つの意義を持った。第1に住宅の量的不足に対する積極的貢献、第2に「相対的」低家賃の実現、第3に借家関係による住宅問題の抑制・無力化であった。以上が、住まいが社会問題にならなかったことについての、民間貸家経営という観点から見た回答である。

では、本書はどのような意義を持つものか。事実の水準でいえば、森本信明をはじめとして、当時の住宅調査に基づいていることから、必ずしも新規の事実発見があるわけではない。他方、住宅政策研究の流れも踏まえて、住宅政策の捉え方・アプローチに関する問題提起を行ったと筆者は考えている。

すなわち第1の意義として、方法的意義である。住宅政策は、他の公共政策がそうであるように、（戦後）日本の場合、建設省など中央官僚を中心に作成され、建設委員会など委員会にて審議され決定されてきた。したがって、国会議事録の分析（渡辺 1962）、あるいは官僚層など政策策定の中心的担い手へのインタビュー（大本 1991）など、政策過程あるいは担い手のイデオロギーから住宅政策を説明してきた。これに対して本書は、ひとつには、民間借家も含む住宅市場が、住宅政策の在り方・方向性を規定していると捉えている。いまひとつには、社会政策研究におけるサービスの供給・管理という観点から経営型に着目した。

第2の意義は、国際比較上の意義である。Lowe（2011）は、建築物や住宅市場に規制がない状態から、徐々に建築規制・居住水準規制ができていくことによって、家主の利益がスポイルされていくために、民間家主が住宅市場から撤退することを、民間家主制度の危機と呼んだ。日本の場合、その危機は、戦後復興時期に当たると考えられる。そして、その危機への対応が、くいつぶし型経営であり、国際比較的には、公営住宅あるいは（民間家主も含む）社会住宅ではない、日本的な特質・類型である、と考えられる。

この日本的な特質は、戦後の東京圏を中心とした民間貸家市場にあっては、客観的条件と家主の諸属性が組み合わさることで、住宅問題の解決に対して独自の機能を果たしてきたことをみた。翻って、くいつぶし型経営が、国際比較上、どこまで特殊であるのかは、今後の課題となろう。繰り返しになるが、個人家主が多いことそれ自体は、日本に特殊ではなく、むしろ世界的には一般的である。他方、民間貸家市場をとりまく制度的環境・配置の違いが、民間貸家のパフォーマンスにも影響を与えるとは考えられるものの、必ずしも理論的には明快に整理されているようには思われない（Crook and Kemp ２０１４）。そこで、民間貸家経営の環境から民間貸家市場を分析する必要があると考えられる。管見の限り、民間貸家経営にとって重要な変数は、家主の階級的・組織的性質、居住水準など経営に関わる規制、さらに貸家経営への住宅金融（これについてBlackwell and Kohl ２０１９）などが考えられる。

第3に、内容から考える、現代的意義である。住宅市場が住宅政策を規定するという発想は、Kemeny（１９９５）に多くを負っている。つまりKemenyは、住宅の建築費用が償還されることによって、（住宅ローンの返済分を家賃に含まなくてもよくなるので）既存ストックの家賃が高くならないようになり、ストックとして残ることから、住宅の成熟化が重要であるとした。Kemenyは、イギリスの公営住宅を想定して成熟の議論をしているが、日本では、こうはならなかった。というのも、民間貸家経営が、長期的観点からみれば経営合理的ではなかったからである。

日本で、成熟化が実現されなかった――住まいを政策的に対応してこなかったこととも関わって――ことは、住宅政策に決定的に重要な刻印を与えた。第1に、住宅政策を要求する主体の問題である。福祉国家論にあっては、労働組合の組織率および社会民主主義勢力（社民勢力）の議席占有率によって社会保障の手厚さを説明する議論がある（エスピン・アンデルセン）。左派勢力の強さが社会保障を規定すると捉えるこうした議論は、権力資源動員論と呼ばれる。住宅政策研究でいえば、借家人組合および社民勢力が強ければ、住宅政策が手厚くなると仮説できる（Kemeny ２００６）。しかし少なくとも戦後日本では、借家人運動も、社民政党による政策拡充も、果たされたとは言い難い。質の低い借家に住み続けるよりは、持家を持とうという方向性に規定されたものであり、その方向性それ自体が、くいつぶし型経営によって規定された側面がある。

成熟化が実現されなかったことの影響の第2は、住宅政策を「住宅政策」たらしめる条件整備の問題である。イギリスでhousing policyというとき、所得保障を意味するsocial securityとは異なって、居住水準保障を意味する（Kemp 2007）。居住水準とは、家族規模に応じた規模水準と、住まいが住まいにたる設備水準の2つからなる。日本では、住まいの分野におけるナショナルミニマムと呼びうる最低居住水準は存在するが、強制性を伴わない（上杉・浅見 2009）。このような居住水準の法的未整備は、いわば安かろう悪かろうの木賃アパートと不可分であり、つまりはくいつぶし型経営とも関わっている。どこに・どんな住まいを建ててもいいという法的状況の下で、実際に大量に木賃アパートが建てられた以上、事後的に、強制性を伴う居住水準を定めるのは容易ではない。そして、居住水準が優れたストックが蓄積されない以上、翻って、生活費に占める住居費の目安――ひいては、所得保障を目的とした政策――の設定・実現が困難になる。

本書の第4の意義として、政策的インプリケーションがある。ひとつには、既存の居住保障の仕組みの変化である。これまで住宅政策研究では、持家をシステムの中心としつつ、社宅と借家法がサブシステムとして機能すると捉えてきた（佐藤 2009）。加えて借家法は、相当家賃・正当事由などの一般条項を用いて、現代福祉国家における広範な利害調整機能を有する（佐藤 1999）ことによって、サブシステムとして機能していたと考えられてきた。これら先行研究を、本書の知見との関係から整理しなおせば、民間貸家市場における住宅問題処理機能がより立体的に明らかになるように思われる。すなわち、民間貸家経営の水準における住宅問題処理機能を有しつつも、それでは処理しきれない場合に、借家法が機能する、いわば二層的処理システムである。現在、住まいの社会問題化および社会保障化が進行していることは、このシステムではもはや対応ができないということであり、新たな対応が必要であることを示しているように思われる。

いまひとつには、民間貸家経営研究の必要性である。かつて、民間貸家経営は、前近代的という修飾語をもって語られていた（西山 1942）。あるいは、2000年に制定された定期借家法は、契約期間に定めのない借家契約が一般的であるところ、契約期間に定めがある契約を導入した。当該法の理論的背景には、規制緩和によって、良質な借家が供給されるという、規制と市場の関係の観点がある。しかし、前近代と捉えるにせよ、規制緩和によって市場が活性化すると捉えるにせよ、いずれも、民間貸家経営の実態から出発しないことには政策的方向性を見誤るであろう。その意味で、歴史研究と結びつける形で、現代の民間貸家市場の分析が求められる。

かつて当たり前であった住まいは、いま、その当たり前がゆらいでいる。民間貸家経営の歴史研究を踏まえて、よりよい未来と住まいを考える糧とすることが、私たちに求められていると言えるのではないだろうか。

（1）老朽建築物が密集し、非衛生的で危険の伴う地域をスラムと呼ぶ。スラムクリアランスとは、当該地域の老朽建築物を壊し、除去することを指す。

（2）1966年以降、住宅建設計画法が定められ、5年ずつの住宅建設5カ年計画によって、住宅供給目標が定められていた。1976年の第三期住宅建設5カ年計画以降、居住水準の規定が加えられる。

（3）建て方とは、建物と住宅の関係を表し、大きく3つに分かれる。1つの建物が1つの住宅であるものを戸建て、1つの棟に2つ以上の住宅があるもので壁を共通にしてそれぞれ別々の出入り口を持つものを長屋建、1棟の中に2つ以上の住宅があり廊下・階段などを共用しているものを共同住宅と呼ぶ。

（4）民間貸家経営は、時代によってのみならず、地域によっても異なる。大阪に比して、東京の地域的特徴がいくつか挙げられる。すなわち第1に、住宅市場の需給の問題として、流入する人口が多いのに、戦後まで残った既存ストックが少なかったこと。第2に、関西では、都市化に伴うスプロール化と並行して住宅供給が行われたために開発型と呼称されていたが、東京では既存住宅の建て替えあるいは庭先空き地の補充という形で住宅供給がされたので、リプレース型と呼ばれていた（都市経済研究所1965）。第3に、表10に示された通り、担い手としても、自宅あるいは近隣にアパートを有する家主が相対的に多かった。住宅問題は地域差が大きいが故に、その対応の仕方にも地域差があることが見てとれるように思われる。

（5）既存不適格とは、法律や政令などで定める内容が、既存のそれよりも厳しくなるがために、以前はそれらに違反していなかったものが、改正を経て不適格になっている状態のものを指す。

参考文献

Crook Tony, Peter A. Kemp (eds), 2014, “Private rental housing : comparative perspectives”, Edward Elgar.

Doling John, 1997, “Comparative housing policy : government and housing in advanced industrialized countries”, Macmillan.

Esping-Andersen, G, 1990, “The Three Worlds of Welfare Capitalism, Cambridge”: Polity Press.（＝岡澤憲芙・宮本太郎監訳『福祉資本主義の三つの世界―比較福祉国家の理論と動態』ミネルヴァ書房、2001）

原田純孝「戦後住宅法制の成立過程―その政策論理の批判的検証」東京大学社会科学研究所編『福祉国家6―日本の社会と福祉』東京大学出版会、317～396頁、1985
早川和男「刊行にあたって」大本圭野・戒能通厚編『講座現代居住1―歴史と思想』ⅰ～ⅳ頁、1996
ISSP(International Social Survey Programme), 2016, “Role of Government V” ʼhttps://www.gesis.org/issp/modules/issp-modules-by-topic/role-of-government/2016
檜谷美恵子・住田昌二「住宅所有形態の変容過程に関する研究―その1わが国における戦前戦後の持家所有の推移プロセス」『日本建築学会計画系論文報告集』392（0）、136～146頁、1988
本間義人『内務省住宅政策の教訓―公共住宅論序説』御茶の水書房、1988
堀内啓佑『戦前の日本における住居法の検討過程に関する建築史的研究―制定の構想とその帰結』神戸大学博士論文、2021
Kemeny J., 1995, “From public housing to the social market”, London : Routledge.
Kemeny J., 2006, ”Corporatism and Housing Regimes”, “Housing, Theory and Society”, 23(1): 1-18.
Peter Kemp, 2007, ”Housing allowances in context”, Peter Kemp(ed), “Housing allowances in comparative perspective”, Policy Press.
建設省住宅局住宅計画課「民間木造アパートの実態」『建設月報』22（10）、73～79頁、1969
建設省建築研究所住宅計画研究室・日本住宅公団審議室調査研究課編『民間木造アパートの居住・経営実態調査―東京都における2室木造アパートの場合』1970
Lowe S. ʼ2011 ʼThe housing debate, Bristol: The Policy Press（祐成保志訳『イギリスはいかにして持ち家社会となったか―住宅政策の社会学』ミネルヴァ書房、2017）.
三宅醇・峯成子・北折朋哉「木賃アパートの建てかえについて1―木賃アパートと住宅のたてかえ」『大会学術講演梗概集計画系』48、1369～1370頁、1973
三宅醇・森本信明・海老塚良吉・大本圭野・北折朋哉「既成市街地の民間アパートの実態：その1―民間アパー

トによる住宅地更新状況概観」『学術講演梗概集計画系』52、１６６７～１６６８頁、１９７７
三宅醇「住宅の型と住宅需要を追っかけた50年の体験談」『都市住宅学』73、68～72頁、２０１１
宮崎元夫・服部千之「民間賃貸住宅の経営」金沢良雄・西山夘三・福武直・柴田徳衛編『住宅問題講座５―住宅経営』有斐閣、95～１４４頁、１９６８
森本信明『民間貸家の更新に関する研究』１９７６
永江雅和「世田谷区の農地転用と農業委員会１９６０～１９７５」『社會科學研究』58（３・４）、１０１～１２０頁、２００７
西山夘三『住宅問題』相模書房、１９４２
平山洋介『住宅政策のどこが問題か―「持家社会」の次を展望する』光文社、２００９
大本圭野「福祉国家とわが国住宅政策の展開」東京大学社会科学研究所編『福祉国家６―日本の社会と福祉』東京大学出版会、３９７～４５２頁、１９８５
大本圭野『「証言」日本の住宅政策』日本評論社、１９９１
佐藤岩夫『現代国家と一般条項―借家法の比較歴史社会学的研究』創文社、１９９９
佐藤岩夫「「脱商品化」の視角からみた日本の住宅保障システム」『社會科學研究』60（５・６）、１１７～１４１頁、２００９
佐藤和宏「社会保障としての居住保障を―自己責任論批判・社会保障運動・公営住宅」『経済』新日本出版社３３１、62～71頁、２０２３
住田昌二『現代日本ハウジング史―１９１４～２００６』ミネルヴァ書房、２０１５
砂原庸介「コモンズとしての住宅は可能だったか―１９７０年代初頭の公的賃貸住宅をめぐる議論の検証」待鳥聡史・宇野重規編『社会のなかのコモンズ―公共性を超えて』白水社、99～１２６頁、２０１９
高橋寿一「「建築自由・不自由原則」と都市法制―わが国の都市計画法制の一特質」原田純孝編『日本の都市法II―諸相と動態』東京大学出版会、37～60頁、２００１

武川正吾・白波瀬佐和子編『格差社会の福祉と意識』東京大学出版会、２０１２
都市経済研究所「民間貸家企業と入居者の実態調査」日本住宅公団建築部調査研究課編『調査研究報告集』9、1〜35頁、１９６５
上杉昌也・浅見泰司「日本における住宅規模水準の存在意義と研究動向」『東京大学空間情報科学研究センターディスカッションペーパー』98、1〜7頁 ２００９
渡辺洋三『土地・建物の法律制度』［中］東京大学出版会、１９６２
山口幸男「東京都における民間木造アパートの発達」『新地理』17（3）、22〜41頁、１９６９

〈執筆者〉

佐藤和宏

1988年、静岡県生まれ。現職、高崎経済大学地域政策学部准教授。東京大学人文社会系研究科博士課程修了、博士（社会学）。日本学術振興会特別研究員（DC1）、東京大学社会科学研究所特任研究員、高崎経済大学地域政策学部講師などを経て現職。専攻は住宅政策論、社会学。主な論文に「コロナショックは住宅問題にどのように現れているか」『地域政策研究』など。

西山夘三記念 すまい・まちづくり文庫（略称：西山文庫）**について**

わが国の住生活及び住宅計画研究の礎を築いた故京都大学名誉教授西山夘三が生涯にわたって収集・創作してきた膨大な研究資料の保存継承を目的として1997年に設立された文庫で、住まい・まちづくり研究の交流ネットワークの充実、セミナーやシンポジウムの開催、研究成果の出版などを行っています。「人と住まい文庫」シリーズは、すまい・まちづくりに関する研究成果をより広く社会に還元していくための出版事業であり、積水ハウス株式会社の寄付金によって運営されています。

民間貸家経営と家主の果たした役割

～くいつぶし型経営の歴史的意義～

2023年10月1日発行

著　者　佐藤和宏
発行者　海道清信
発行所　特定非営利活動法人 西山夘三記念 すまい・まちづくり文庫
〒619-0224　京都府木津川市兜台6-6-4 積水ハウス総合住宅研究所内
電話　0774(73)5701
http://www.n-bunko.org/
編集協力　アザース
デザイン　松浦瑞恵
印　刷　サンメッセ株式会社

Printed in Japan
ISBN978-4-909395-13-9